8,-

LEX BOS · DIE TEMPLER

LEX BOS

Die Templer

IMPULSE

FÜR EINE MODERNE

SOZIALSTRUKTUR

URACHHAUS

Titel der Originalausgabe: »Tempelridders. De voortzetting van hun taak in deze tijd«. Uitgeverij Christofoor, Rotterdam.

ISBN 3 87838 366 5

Satz und Druck der Offizin Chr. Scheufele, Stuttgart.

Dieser Schrift liegt ein Vortrag zugrunde, der während der Pfingsttagung der Anthroposophischen Gesellschaft der Niederlande (vom 23. bis 25. Mai 1980) gehalten wurde.

Das Thema der Tagung lautete:

»Die Weltaufgabe der Templer«.

Verehrte, liebe Zuhörer!

Über die Ereignisse des zwölften und dreizehnten Jahrhunderts kann man stets aufs neue erstaunt sein. Eine unerhörte Blüte des kulturellen und wirtschaftlichen Lebens brach auf. In jener Zeit wurden dreihundert große Kathedralen errichtet. Ein Netz von Straßen verband die Baustätten. Überall bestanden Klöster und Gasthäuser für die Reisenden. Es herrschten keine Epidemien, man lebte in Sicherheit. Ein neu aufkommendes Bank- und Geldwesen ermöglichte Handel und Entwicklung des städtischen Lebens.

So jäh wie diese Zeit mit dem ersten Kreuzzug erwacht, ebenso abrupt endet sie zu Beginn des 14. Jahrhunderts. Der Hundertjährige Krieg bricht aus, und für Europa beginnt eine düstere Zeit der Zwietracht, der Armut und des Unheils.

Wenn wir das Geheimnis dieser Epoche zu entdecken suchen, gelangen der Templerorden und seine Ritter in unser Blickfeld.[1] Der Orden erscheint so plötzlich wie ein Komet. Er wird mit Gewalt von der Erde getilgt, als Philipp der Schöne die Ritter gefangennehmen läßt und als Jacques de Molay, der letzte Großmeister, 1314 auf dem Scheiterhaufen stirbt.[2]

Wir wollen die Entstehungsgeschichte des Ordens kurz in Erinnerung rufen, um uns anschließend der Frage zuzuwenden, wo die Wurzeln des templerischen Impulses liegen und welche Bedeutung dieser für die Gegenwart besitzt.

Im Jahre 1095 ruft Papst Urban II. (der frühere Prior von Cluny) zum ersten Kreuzzug auf. Dessen Idee geht zurück auf Papst Sylvester II., den ehemaligen Benediktiner Gerbert von Aurillac.

Als sechzehnjähriger Junge nimmt Hugo de Payens an diesem Kreuzzug teil. Um 1104 hält er sich nochmals im Orient auf. Im Jahre 1119 treten neun gottesfürchtige Ritter unter Führung von Hugo de Payens in Jerusalem vor König Balduin II. und bieten an, für die Sicherheit der christlichen Pilger auf der Straße zwischen Jaffa und Jerusalem zu sorgen. Der König nimmt diesen Vorschlag an und stellt den Rittern als Hauptquartier einen Teil seines Palastes zur Verfügung, der auf den Ruinen des Tempels von Salomo steht. Die neun Ritter legen vor dem Patriarchen von Jerusalem die drei Gelübde der Armut, Keuschheit und des Gehorsams ab. Da sie sich ebenfalls den Wiederaufbau des salomonischen Tempels zur Aufgabe gestellt haben, werden sie die »Tempelritter« genannt.

Die neun Ritter gehören keineswegs zum niederen Adel, im Gegenteil: Sie bilden den Kern des höchsten Ritteradels aus der französischen Champagne. Jahrelang verweilen sie im Heiligen Land. Nach außen hin erfüllen sie ihre ritterlichen Pflichten gegenüber den Pilgern. Ihr eigentliches Werk ist jedoch von anderer Art.

Was suchen sie im Gebiet des salomonischen Tempels? Warum verrichten sie dort über Jahre hinweg Vermessungen und archäologische Ausgrabungen? Nach welchen Geheimnissen tasten sie, daß sie ausgerechnet an diesem Ort ihre geistigen Anregungen empfangen wollen?

Folgen wir den Wegen Hugos de Champagne, eines der neun Ritter. In den Jahren 1104 oder 1105 hält er sich im Heiligen Land auf. Nach seiner Rückkehr knüpft er Kontakt zu Stephan Harding, der im Jahre 1109 Abt des Klosters von Cîteaux wird. In Cîteaux nahm 1098 die Reformbewegung der Zisterzienser ihren Anfang. Angeregt durch diesen Kontakt verfügt Hardings Vorgänger, der Abt Albéris, daß sich sein Kloster, das sich bis dahin mehr der Kontemplation als dem Studium gewidmet hatte, von nun an ganz dem gewissenhaften Studium heiliger Texte der Hebräer zuwenden müsse.

Hugo de Champagne besucht 1114 noch einmal für kürzere Zeit das Heilige Land und wendet sich nach seiner Rückkehr im folgenden Jahr wiederum an Stephan Harding. Er schenkt dem Zisterzienserorden für die Gründung einer Abtei ein Stück Land im Wald von Bar-sur-Aube. Der junge Mönch Bernhard von Fontaine begründet mit zwölf weiteren Mönchen die Abtei von Clairvaux. Er ist zwar erst 25 Jahre alt, aber bereits eine solche Persönlichkeit, daß er in der geistigen und politischen Führung des Abendlandes bestimmend mitwirkt.

1128 befinden sich die meisten der neun Ritter wieder in der Champagne. Bernhard von Clairvaux beruft in Troyes ein Konzil ein. Dort äußert Hugo de Payens seinen Wunsch, einen geistlichen Ritterorden zu stiften, dessen Kern aus seinen Tempelkameraden bestehen solle. Das Konzil gibt diesem Anliegen seine Zustimmung und erteilt

Bernhard von Clairvaux den Auftrag, die Regeln für den künftigen Orden aufzustellen.

Wenn man verfolgt, wie rasch nach der Begründung der Orden zu blühen beginnt, in welch kurzer Zeit überall Ordenshäuser entstehen und mit dem Bau von Kathedralen begonnen wird, Ländereien erworben, Straßen angelegt und bankähnliche Aktivitäten entfaltet werden, dann gewinnt man den Eindruck, daß der notwendige Boden schon bereitet war, daß hier eine lange Periode der Vorbereitung in kurzer Zeit bereits Früchte trug.

Es soll versucht werden, von dieser Zeit der Vorbereitung einen Eindruck zu vermitteln. Anliegen der Zisterzienser-Bewegung war es, Schlichtheit und Verinnerlichung in die dekadent werdende Welt des Klosterlebens zu tragen. Cluny, einst bedeutendes Zentrum, hatte seine spirituelle Substanz eingebüßt. Von Cluny aus, das im Jahre 910 gegründet worden war, lassen sich geistig-kulturelle Fäden zurückverfolgen bis zu Benedikt von Nursia (geb. um 480, gest. 547) und der Gründung des Benediktinerordens im Kloster Monte Cassino. Benedikt ist der Urheber des Klosterwesens, welches das geistig-kulturelle Leben des Abendlandes über Jahrhunderte tragen sollte. Aufgabe der Templer aber sollte es werden, das alte Klosterwesen umzuformen und damit zugleich eine Brücke in die Gegenwart zu schlagen.

Benedikt schuf das Kloster als eine Gemeinschaft von Mönchen. Zuvor gab es wohl allein lebende oder in losem Verband beieinander wohnende Eremiten. Diese hatten sich aus der menschlichen Gesellschaft zurückgezogen, um sich ganz dem Gebet zu widmen. Wir können diese

Strömung als eine Erscheinung hauptsächlich des frühen Christentums bis ins zweite oder dritte Jahrhundert in Ägypten zurückverfolgen. – Während die Mönche anfangs nur von dem lebten, was sie in der Natur vorfanden oder was ihnen von anderen an Nahrungsmitteln gebracht wurde, betreiben sie in einem späteren Stadium auch Ackerbau. Und dies nicht nur, um den eigenen Lebensunterhalt zu bestreiten, sondern vor allem aus dem allmählich aufkommenden Bewußtsein, daß ein Christ sich nicht von der Erde abwenden dürfe. – Benedikt tut nun einen weiteren Schritt. Er stiftet ein Zentrum, in dem die Mönche zusammenleben, und gibt Regeln für dieses Leben in der Gemeinschaft. Das Klosterwesen kann sich dadurch sowohl verinnerlichen als auch vermenschlichen. Die Klöster werden zu Zentren des religiösen und wissenschaftlichen Lebens. Indem die Mönche zugleich das umliegende Land urbar machen, schaffen sie den Keim einer völlig neuen Verantwortung: der Sorge für die Erde.

Mit der Begründung des Templerordens vollzieht das Klosterwesen einen nächsten Schritt in seiner Entwicklung. Es findet gleichsam eine Umstülpung nach außen statt. Der lose Bund von Klöstern innerhalb eines jeweiligen Ordens wird zu einer Organisation von Ordenshäusern mit einer kraftvollen sozialen und wirtschaftlichen Wirkung auf das Abendland. Die nach innen gekehrte Klosterordnung wird umgeformt in eine nach außen gerichtete gesellschaftliche Ordnung. Die an der Theologie orientierte Wissenschaft der Klöster beginnt sich umzubilden zur Naturwissenschaft der Universitäten, die auf die sinnlich erfaßbare Welt gerichtet ist. Dieser Wandel vollzieht sich während der beiden Jahrhunderte, in denen die Templer wirksam sind.

Wir kehren nun noch einmal zu Benedikt zurück. Seine wichtigste Tat war es, der Klostergemeinschaft Regeln zu verleihen. Wenn man diese betrachtet, fallen deutlich drei Kategorien ins Auge:

- Regeln für das religiöse und Gebetsleben;
- Regeln für das Zusammenleben innerhalb der Klostergemeinschaft;
- Regeln für die Arbeit auf dem Land, später auch für die handwerkliche Arbeit.

Bemerkenswert ist, daß der Umfang der Regeln in der genannten Reihenfolge zunimmt. Nur einige grundsätzliche Regeln bestehen für die Gestaltung des Lebens im Gebet und die Teilnahme am Kultus. Die Bestimmungen für das tägliche Leben in der Gemeinschaft sind bereits viel komplizierter. Die Gestaltung des praktischen Arbeitslebens gibt Anlaß zu den differenziertesten Einrichtungen und Regelungen.

Es dürfte nicht schwerfallen, in diesen Regeln bereits eine Veranlagung der sozialen Dreigliederung[3] zu erblikken, der Unterscheidung dreier qualitativ verschiedener Lebensgebiete:

- des geistig-kulturellen Lebens,
- des sozialen und Rechtslebens,
- des wirtschaftlichen oder irdischen Lebens.

Im Grunde genommen zeigt sich ein durchgehender Strom von Benedikt über den Templerorden bis hin zur sozialen Dreigliederung.

Im Jahr 529 gründete Benedikt sein erstes Kloster, zwischen Rom und Neapel auf dem Monte Cassino gelegen. In demselben Jahr verfügte Kaiser Justinian die Schließung der Redner- und Philosophenschulen in Athen. Diese Schulen bildeten das Zentrum des Studiums all dessen, was an östlicher Weisheit und an Mysterienwissen in den Westen gelangt war. Nach ihrer Auflösung erhob sich die Frage, wo diese Weisheit künftig bewahrt und gepflegt werden sollte. Offensichtlich hat Benedikt diese Pflege gleich bei der Begründung seines Ordens in dessen Zielsetzung mit aufgenommen.

Seit diesem Zeitpunkt – 529 – dauert es ungefähr 700 Jahre bis zur Mitte jener Periode, in der die Templer wirksam waren. Fügt man dem noch einmal denselben Zeitraum hinzu, so gelangt man an das Ende des ersten Weltkrieges, in jene Zeit also, in der Rudolf Steiner die gesellschaftliche Dreigliederung als sozialen Heilungsimpuls auf europäischen Boden stellt. Es soll damit keine Zahlenmystik betrieben, sondern ein Empfinden dessen angeregt werden, wie die Klostergründungen von Benedikt und seinen Nachfolgern, die Wirksamkeit der Templer und Rudolf Steiners Impuls zur sozialen Dreigliederung sich wandelnde Hüllen für ein und denselben christlich-sozialen Erneuerungsstrom darstellen.

Welche Ereignisse vollziehen sich nun zwischen der Klostergründung auf dem Monte Cassino und jener in Clairvaux? Es ist interessant zu verfolgen, wie quer durch die Geschichte der Kern der Ordenseingeweihten je nach den politischen und kriegsbedingten Umständen fortwährend Bleibe und Aufenthaltsort wechselt. Zunächst zieht er vom Monte Cassino in den Lateran, den päpstlichen Palast in Rom; dann, im Auftrag Gregors I., nach Fleury-sur-Loire. Als das Kloster abbrennt, retten die Mönche vor allem die wertvollen Manuskripte, die eine vollständige Sammlung der gesamten klassischen Wissenschaft enthalten. Danach wird das Zentrum nach Burgund, von dort nach Katalonien, nach Glanfeuil, dann auf der Flucht vor den Normannen nach Saint-Savin-sur-Gartempe und schließlich nach Saint-Martin-d'Autun (880) verlegt. In der darauffolgenden Zeit wird das spirituelle Zentrum des Ordens durch Abt Berno, der mehr als 900 Manuskripte alter Weisheit bei sich hat, nach Gigny im Jura geführt. Von dort aus zieht dieser kurze Zeit später mit zwölf Mönchen in ein Gebiet, das ihm von Karl III. von Burgund zur Verfügung gestellt wurde: Cluny. An diesem Ort bleibt das Zentrum des Ordens bis zur Zeit der Kreuzzüge. Ein ehemaliger Prior von Cluny ist es, der als Papst Urban zum ersten Kreuzzug aufruft.

Unterdessen hat sich eine andere mächtige Strömung mit der des Benedikt verbunden.

Der später heiliggesprochene Benedikt starb im Jahre 547. Wenige Jahre zuvor war Columban der Jüngere, der spätere Heilige Columban, in Irland geboren worden. Benedikt bewahrte der christlichen Welt den Schatz der Klassiker, Columban den geistigen Reichtum der Kelten. – In Gallien begründete Columban um das Jahr 600 Klöster in Annegray am Rande der Vogesen, in Luxeuil, das rasch bedeutend wurde, und in Fontaine. Später übt er eine rege Missionstätigkeit aus. Er reist auch nach Rom, um Gregor den Großen aufzusuchen, und bereiste später die Lombardei. Er ist ein Reisender mit hohem Auftrag. Der Benediktinerorden entsteht in Italien, die Kloster-Bewegung des Columban in Irland. Ihrer beider Entwicklung und letzten Endes ihre Verschmelzung finden hauptsächlich in Gallien statt.

Nachdem die geistige Strömung in Cluny ihre Stätte gefunden hat, scheint alles darauf ausgerichtet zu sein, die Entwicklung dort ungestört ihren Gang gehen zu lassen. Das Zentrum erhält eine Ausnahmestellung innerhalb der kirchlichen Organisation und bleibt von politischem Druck verschont. Die Regeln des Ordens werden durch Abt Odilo († 1049) erneuert. Ungefähr 1300 Klöster finden sich unter den neuen Regeln von Cluny zusammen. Die Klöster werden insbesondere Zentren der Ausübung verschiedener Handwerke. In der Folge werden später auf ihrer Grundlage die Zünfte entstehen. Cluny ist das erste Kloster, von dem aus der Versuch unternommen wird, alter Mysterienweisheit gemäß religiöse Bauwerke zu errichten, Bauwerke, die unmittelbar aus sich selbst heraus – ohne kirchliches Ritual – wirksam sind. – Die Benediktiner schufen die romanischen Bauten gleichsam als Tempel für die Mönche. Mit dem Übergang zur Gotik werden dann Kirche und Kathedrale zunehmend zum Gotteshaus für die Gläubigen. Auf sie übte jedoch das kirchliche Ritual stets weniger Einfluß aus. Daher wurde es immer wichtiger, wie der Raum und seine Verhältnisse als solche auf den Menschen wirkten. Um entsprechende Gebäude zu errichten, ist die Kenntnis bestimmter geheimer Gesetze notwendig.[456] Man muß wissen, wie »der Stein behandelt werden muß«. Ein Wissen, das zum

Beispiel den Baumeistern der Dolmen oder denen ägyptischer Pyramiden und vieler griechischer Tempel ebenso eigen war wie dem Baumeister des salomonischen Tempels.

Im Jahre 1098 erfährt der Zisterzienserorden in Cîteaux durch die Initiative des Benediktiners Robert von Molesme seine Begründung. In der Folge vollzieht das Kloster eine bedeutende Entwicklung. 1112 schließt sich Bernhard von Fontaine mit dreißig Mönchen diesem Kloster an. Von Cîteaux macht er sich dann nach Clairvaux auf, um in der neu gegründeten Abtei die geistige Mission des Templerordens vorzubereiten.

Der Klosterimpuls wurde durch eine klare Devise getragen: »Ora et labora« – bete und arbeite.

Welches Entwicklungsgeheimnis verbirgt sich hinter diesen drei Worten? Es läßt sich dieses Geheimnis als das zentrale christliche Mysterium der Auferstehung andeuten: Wie kann das Geistige das Materielle durchdringen, wie kann sich das Geistige mit dem Irdischen verbinden? Sind wir dazu imstande, den Geist bis in die Materie, in die tägliche Arbeit, bis in unser berufliches Tun hinein zum Ausdruck zu bringen?

Können wir umgekehrt so mit unseren irdischen Erfahrungen, mit unserer konkreten Lebenssituation, mit den sinnlichen Wahrnehmungen umgehen, daß wir fähig werden zu entdecken, welche Geist-Wirklichkeit sich in ihnen ausdrückt? Bei dem Wahlspruch des »ora et labora«, dem Verbindung-Schaffen zwischen Geistigem und Irdischem, handelt es sich um ein zutiefst christliches Motiv. Es ruft unmittelbar die Frage nach dem Gebiet der Mitte hervor:

Wodurch können diese beiden miteinander verbunden werden?

Als Benedikt seinem Kloster eine Grundlage gibt, nehmen die Regeln für das Gemeinschaftsleben unter seinen Anweisungen von vornherein eine zentrale Stelle ein. Im Grunde müßte man sagen: »Ora, con-vive et labora. Bete, lebe in Gemeinschaft mit anderen und arbeite.« Die Klostergemeinschaft bildete eine Mitte zwischen dem nach innen gewandten Leben im Gebet und dem sich nach außen richtenden Arbeitsleben. Was geschieht, so läßt sich fragen, wenn diese zwei Gebiete auseinanderfallen, wenn sie ihre Verbindung miteinander verlieren, wenn zwischen dem Berufsleben einerseits und dem geistig-kulturellen Leben andererseits keine Verbindung mehr besteht? Was sich in solchen Fällen ereignet, können wir im täglichen Leben um uns her beobachten: Es vollzieht sich ein zunehmendes Auseinanderfallen zweier Welten, zweier Menschengruppen. Auf der einen Seite erleben wir Menschen, die mehr und mehr als Sklaven von Warenproduktion oder -konsum an ein vom Materialismus vereinnahmtes Wirtschaftsleben gebunden werden; auf der anderen Seite sehen wir Gruppen von Menschen, die sich von der Erde und diesem Arbeitsleben abwenden, um sich auf unterschiedlichste Weise Erlebnissen geistiger Wollust hinzugeben. Wenn »ora et labora« auseinanderfallen, entsteht das Bild eines völlig der Erde entfremdeten Geisteslebens und eines materialistisch geprägten Berufs- und Arbeitslebens.

Wohin müssen wir in unserer Zeit schauen, wenn wir uns bemühen wollen, »ora« und »labora« miteinander zu verbinden? Um welche Art von Brücken kann es sich handeln, wenn es darum geht, eine Verbindung zwischen Geist und Stoff zu vollziehen? Welche menschliche Tätigkeit orientiert sich nach beiden Seiten? Die Antwort liegt auf der Hand: das künstlerische Tun. Schiller[7] nannte die höchste Form der Kunst die soziale Kunst. – Wir alle müssen soziale Künstler werden.

Es sollen hier zwei Arten sozialer Künstlerschaft erwähnt werden, die in besonderem Maße die Brücke zwischen »ora« und »labora« für uns schlagen: der Umgang mit Leihgeld[8] und das Handhaben des Arbeitsgesprächs.[9]

Das Leih- oder Kreditgeld bildet eine Brücke zwischen schöpferischen Ideen und ihrer Verwirklichung im Materiellen, deren Früchte der menschlichen Gemeinschaft zugute kommen. Es kann geschehen, daß jemand eine brillante Idee hat oder daß eine Gruppe von Forschern zukunftsträchtige Entdeckungen gemacht hat. Dabei kann es sich so gut wie um alles handeln: um einen neuen Gebrauchsgegenstand, beispielsweise einen Reißverschluß oder eine Windel, um einen neuen Erziehungsgrundsatz oder eine neue Art der Heilmittelherstellung. Bei all diesen Entdeckungen und Erfindungen kann man sich fragen, wie sie für andere Menschen in den vielfältigsten Lebensbereichen nutzbringend eingesetzt werden können. – Um einer Idee die Möglichkeit zu geben, sich in der sozialen Wirklichkeit praktisch zu inkarnieren, hat man mindestens einen Arbeitsplatz nötig, in vielen Fällen aber auch Maschinen, Werkzeug und Arbeitskapital. Wer soll für dies alles aufkommen? Der Konsument wäre beim

Kauf eines Reißverschlusses gewiß dazu bereit, ein paar Pfennige mehr zu zahlen zum Begleichen der Kredite, die der Fabrikant aufgenommen hat, um alle Maschinen erwerben zu können, die für die Herstellung von Reißverschlüssen erforderlich sind. Aber der einzelne Konsument wird das Nötige sicher nicht allein bezahlen wollen. Alle Verbraucher, die über die Jahre hinweg das jeweilige Produkt kaufen, müssen das Geld gemeinsam aufbringen. Das dauert eine Reihe von Jahren. Aber das Startkapital, das vielleicht erforderlich ist, um die Idee des Reißverschlusses zu verwirklichen und für andere Menschen nutzbar werden zu lassen, dieses Geld hat der Unternehmer jetzt nötig. Wer ist also bereit, es ihm zu leihen, um es dann im Verlauf von beispielsweise fünf Jahren mit Zins zurückzuerhalten? Die Antwort auf diese Frage besteht in der Schaffung des Leihgeldes. Mit dem Leihgeld wird eine Zeitspanne überbrückt, beginnend mit dem Moment, in dem Kapital gebraucht wird, um Ideen verwirklichen zu können und sie für andere nutzbringend anzuwenden, und endend in dem Vorgang, in dessen Verlauf das Geld nach und nach zusammengebracht wird durch alle diejenigen, die von der bis ins Stoffliche hinuntergetragenen Idee (z.B. der des Reißverschlusses) Gebrauch machen können.

Mit Schenkungsgeld lassen sich Entwicklungen von Menschen und von Ideen ermöglichen, welche damit jedoch noch nicht unbedingt sozial fruchtbar sein müssen.

Mit Kaufgeld kann man Waren erwerben, damit ist jedoch keinerlei Erneuerung und Entwicklung verbunden.

Das Leihgeld (Kredit) besitzt den geheimnisvollen Charakter, daß es eine Kluft überbrückt, eine Brücke bildet zwischen Entwicklung im geistig-kulturellen Leben und deren stofflicher Verwirklichung im wirtschaftlichen Leben.

Die Templer haben in dieser Hinsicht vorbereitende Arbeit geleistet. Sie kannten und entwickelten das Kreditwesen, das Leihgeld. Dieses befand sich bei ihnen noch stark in der Sphäre des politischen Lebens einerseits und in der des Kaufgeldes andererseits. Es war erst ansatzweise mit dem Wirtschaftsleben verbunden. Man konnte das Geld bei einem der Ordens- oder Handelshäuser hinterlegen und es an einem anderen Ort wieder aufnehmen. Diese Möglichkeit bildete zugleich die Lösung eines Sicherheitsproblems: Man brauchte nun nicht mehr mit Geld unterwegs zu sein, das infolgedessen auch nicht mehr geraubt werden konnte. Das Geld wurde bei den Templern zurückgelassen und aufgrund eines Girosystems anderswo abgeholt. Es handelte sich dabei um eine Art Kreditwesen, das noch stark der Sphäre des Kaufgeldes verhaftet war. Das Spargeld allerdings, das dadurch entstand, wurde unter anderem an Fürsten verliehen, die es für ihre politischen Unternehmungen benötigten, – in den meisten Fällen wahrscheinlich, um ihre Soldaten zu besolden.

Das Leihgeld als Brücke zwischen Geist und Stoff, zwischen »ora« und »labora«, kommt eigentlich erst richtig zur Entwicklung mit dem Beginn der industriellen Revolution, als Kapital für Investitionen erforderlich wird. Es ist begreiflich, daß es von allergrößter Bedeutung ist, mit welcher Moralität sich dieses Leihgeld verbindet. Wir müssen unser Bewußtsein soweit entwickeln, daß wir durchschauen, welchem Geist wir mit Hilfe des Leihgeldes Zugang zur Stofflichkeit geben.

Die Templer gingen mit dem Gold auf eine außerordentlich selbstlose Weise um. Sie vermochten dies, da im Mittelpunkt ihres esoterischen Lebens Meditationen standen, die christliche, selbstlose Kräfte hervorriefen. »Non nobis, Domine, non nobis, sed tuo nomini da gloriam – nicht uns, o Herr, nicht uns, sondern Deinem Namen sei die Ehre« war ihr Leitspruch. Hierbei erweckte jeder Templer in sich die Empfindung, daß das Blut, das in seinen Adern strömte, nicht ihm, sondern Christus angehörte.

Wir müssen in der Gegenwart unser Bewußtsein schulen, um zu begreifen, welchem Geist wir – indem wir zum Beispiel sparen – helfen, sich auf der Erde zu verwirklichen, welche Ideen sich durch Leihgeld inkarnieren. Gegenwärtig erhält man den Eindruck, daß sich allerlei »Un-Geist« inkarniert und sich über die Erde hin ausbreitet durch ein erkranktes Kreditwesen. Wir müssen das Kreditwesen, wie es in unserer Zeit lebt, reinigen und heilen.

Als zweite Brücke zwischen »ora« und »labora« wurde bereits das Arbeitsgespräch erwähnt: das Gespräch, das überall dort stattfindet, wo Menschen aus Gedanken, Ideen, Zielvorstellungen u.ä. heraus tätig sind. Es kann sich dabei um einen Kreis von Menschen an einer Schule handeln oder auch um eine Gruppe von Ärzten und Therapeuten in einem Gesundheitszentrum. Auch in einer Gruppe von Unternehmern, einem Kreis von Abteilungsleitern an einer Arbeitsstelle oder unter den Beschäftigten in einer sozialen Einrichtung kann ein solches Gespräch stattfinden. Überall dort, wo Menschen aus dem Geist, aus Ideen, auf der Erde arbeiten wollen, wird das Arbeitsgespräch notwendig sein: ein Gespräch, in dem man zum einen individuell erfaßte Ideen zusammenträgt zu einem gemeinschaftlichen Ideal oder Ziel und zum andern jene Gesichtspunkte zu einem gemeinsamen Bild gestaltet, unter denen jeder einzelne, bedingt durch seinen Standort im Leben, die Wirklichkeit sieht. So läßt sich der richtige Weg finden, um Ideen zu verwirklichen und aus den Arbeitserfahrungen zu lernen. Im Arbeitsgespräch sprechen die Beteiligten über die Art und Weise, wie sie in der irdischen Wirklichkeit mit ihren Ideen umgehen wollen. Zugleich betrachten sie in ihm die Ergebnisse ihres Handelns und vergegenwärtigen sich so, was sie zustande gebracht haben. An ihnen versuchen sie abzulesen, welches der folgende Schritt ihres Handelns sein muß. Auch durch das Arbeitsgespräch entsteht eine Mitte zwischen »ora« und »labora«. Es erfordert ein intensives Üben, eine Schulung im Sprechen und Zuhören und in sozialen Fähigkeiten. Darin aber bildet sich die Substanz, die die Pole verbinden kann. Auch die Vermittlung von Krediten kann zum Mittelpunkt von Arbeitsgesprächen werden. Menschen mit der Möglichkeit, Geld zu verleihen, und andere mit Bedarf an Kredit kommen miteinander ins Gespräch über die Frage, wie sich die Kreditbrücke schlagen läßt.

Wenn Kreditwesen und Arbeitsgespräch so als die Brücke zwischen »ora« und »labora« dargestellt werden, wer denkt dann nicht an das Märchen von Goethe[10] und das darin enthaltene Gespräch der grünen Schlange mit dem goldenen König:

»Kaum hatte die Schlange dieses ehrwürdige Bildnis erblickt, als der König zu reden anfing und fragte: ›Wo kommst du her?‹ – ›Aus den Klüften‹, versetzte die Schlange, ›in denen das Gold wohnt.‹ – ›Was ist herrlicher als Gold?‹ fragte der König. ›Das Licht‹, antwortete die Schlange. ›Was ist erquicklicher als Licht?‹ fragte jener. ›Das Gespräch‹, antwortete diese.«

Was hatten die Templer sich zur Aufgabe gestellt? Sie arbeiteten an der Durchchristung Europas. Das bedeutete im Grunde, daß sie den Boden für die Neugestaltung des Wirtschaftslebens im christlichen Sinne schaffen mußten. Denn wenn der Christusgeist in unserem Umgang mit der Erde nicht Wirklichkeit werden kann, dann bleibt er unwirksam. – Diese Aufgabe bedeutete letztlich eine fundamentale Neuordnung des sozialen Lebens. Durch die Wirksamkeit der Templer entwickelte sich dieses aus seinem feudalen Zustand zu einer Symbiose städtischer und ländlicher Kultur; aus der Einseitigkeit der Agrarwirtschaft zu einer agrar-handwerklichen Polarität, mit einer später hinzukommenden Industrie; es entwickelte sich von einer Tauschwirtschaft zu einer Geld- und Kreditwirtschaft.

So findet damit vor allem eine Umwandlung von einer vertikalen zu einer horizontalen Gesellschaftsform statt, – von einer Gesellschaft, die noch ganz und gar hierarchisch strukturiert ist, in der alle geistigen und verwaltungsmäßigen Fäden in einem Mittelpunkt zusammenlaufen, hin zu einer Gesellschaft, die sich durch ein gleichsam horizontal verlaufendes Netz von Vorgängen zwischen einer Vielfalt von Organen auszeichnet, die auf unterschiedlichste Arten voneinander abhängig sind.

Betrachtet man die Geschehnisse des zwölften und dreizehnten Jahrhunderts innerhalb eines größeren Entwicklungsrahmens, so kann man sich vergegenwärtigen, daß es sich bei ihnen um Ereignisse einer Übergangsperiode zwischen zwei grundsätzlich polaren sozialen Gestaltungen handelt. Im Rahmen der ersten ist das Geistesleben allumfassend (gr. katholos) und das Wirtschaftsleben aufgesplittert in eine schier endlose Anzahl sich selbst versorgender Einheiten. Im Rahmen der zweiten wird das Geistesleben zunehmend auf die Kräfte der Einzelpersönlichkeit, einer unendlichen Anzahl von Individuen gestellt, während das wirtschaftliche Leben immer mehr den Charakter einer Weltwirtschaft annimmt, einer alles durchziehenden und erdumspannenden gegenseitigen Abhängigkeit.

Wie sehr die Templer ihren spirituellen Impuls in der Durchchristung des wirtschaftlichen Lebens sahen, zeigt sich auch noch in der Zeit nach ihrer Vernichtung. In Portugal taucht der Orden erneut als Christusorden[11] auf. Es ist dieser Christusorden, der in Sagres, dem südlichsten Ort des Landes zwischen dem Atlantischen Ozean und dem Mittelmeer, ein Zentrum errichtet. Äußerlich handelt es sich dabei um eine Seefahrtsschule, innerlich um ein esoterisches Zentrum. Heinrich der Seefahrer, Großmeister des Christusordens, ist dessen geistiger Führer. Am Vorabend der Entdeckungsreisen richtet er eine Schule ein, in der denjenigen, die sich dazu aufmachen, in Übersee andere Völker und Rassen zu entdecken, inbegriffen die unvorstellbaren Reichtümer, die dort in der Erde ruhen, das allergrößte Interesse an den Menschen und Moralität gegenüber der Erde gelehrt wird. Der okkulte Ausdruck dafür war: Wir gehen auf die Suche nach dem verborgenen Reich des Priesterkönigs Johannes. – In diesem Geist wollte man den Entdeckungen gegenübertreten. Es kam anders. Die neue Weltwirtschaft wurde nicht in jenem Geist verwirklicht. Größtes Desinteresse an anderen Völkern und Rassen und die größte Begierde nach deren Reichtum wurden tonangebend. Wenn gegenwärtig über den Nord-Süddialog als Grundlage einer christlichen Weltwirtschaftsordnung gesprochen wird, dann finden wir dafür im Impuls des Tempel- und Christusordens von Heinrich dem Seefahrer in Sagres einen Anknüpfungspunkt.

Für die Umstülpung innerhalb der Gesellschaft von einer vertikalen zu einer horizontalen Orientierung haben die Templer den Boden vorbereitet. Sie beginnen, sich von der kirchlichen Hierarchie unabhängig zu machen. Allein dem Papst sind sie Verantwortung schuldig. Während der Zeit ihrer Wirksamkeit schaffen sie Verbindungen zwischen einer großen Zahl an Ordenshäusern, Arbeitsstätten, Vorratszentren, Ausbildungseinrichtungen für handwerkliche Tätigkeiten, Herbergen und Krankenhäusern. Man muß sich dies als ein weit verzweigtes Netz von Beziehungen zwischen den verschiedensten Orten des Gebets, des Lebens und der Arbeit vorstellen. Sie alle waren natürlich stark ausgerichtet auf den Bau von Kathedralen und die entsprechenden Dienste, sie bildeten jedoch, was ihre Sozialstruktur betrifft, ein ineinanderwirkendes Gewebe unterschiedlichster Einrichtungen.

Die Templer kannten die geistigen Gesetzmäßgikeiten, die dem Bau des menschlichen Leibes zugrunde liegen. Sie waren Träger einer esoterischen Strömung, in der okkulte Weisheiten bewahrt wurden. Die Kenntnis dieser okkulten Geheimnisse hatte auch den Bau des salomonischen Tempels ermöglicht. Die ersten Tempelritter hielten sich – wie beschrieben – jahrelang an jenem Platz auf, wo er gestanden hatte, bevor sie zurückkehrten und der Orden gegründet wurde. Dieselbe verborgene Weisheit, dieselben Urideen, die hinter der Schöpfung des menschlichen Leibes stehen und die den Bau des salomonischen Tempels ermöglicht hatten, legten sie selbst dem Bau ihrer Kathedralen zugrunde. Darüberhinaus wußten sie jedoch, daß dieselben Gesetzmäßigkeiten die Errichtung einer neuen Gesellschaftsordnung inspirieren sollten. Sie wußten, daß diese Geheimnisse den Schlüssel für den Bau eines Menschheitstempels bilden sollten, – den Schlüssel für die Gestaltung einer neuen sozialen Wirklichkeit. Sie selbst konnten jedoch nicht weiter gehen, als es im zwölften und dreizehnten Jahrhundert möglich war. Sie konnten damals nur die Aufgabe erfüllen, die Grundlage eines erneuerten menschlichen Zusammenlebens zu bilden, die Basis des neuen Tempels.

Rudolf Steiner führte in unserem Jahrhundert diesen Impuls weiter. In den Jahren 1905 und 1906 hält er Vorträge über Kain und Abel, über Salomo und Hieram und den Bau des Tempels. Bei verschiedenen Gelegenheiten erzählt er die sogenannte »Tempellegende«.[12] Im selben Zeitraum schreibt er drei Aufsätze über Anthroposophie und die soziale Frage.[13] Im letzten dieser drei nennt er das soziale Hauptgesetz. Dieses lautet: »Das Heil einer Gesamtheit von zusammenarbeitenden Menschen ist um so größer, je weniger der einzelne die Erträgnisse seiner Leistungen für sich beansprucht, das heißt, je mehr er von diesen Erträgnissen an seine Mitarbeiter abgibt, und je mehr seine eigenen Bedürfnisse nicht aus seinen Leistungen, sondern aus den Leistungen der anderen befriedigt werden.« Hiermit weist er auf die Gesinnung, auf das moralische Fundament, auf dem diese neue Gesellschaft erbaut werden kann. Diese Grundhaltung kann nur aus einem begeisternden spirituellen Menschenbild entstehen.

In den drei Aufsätzen führt er zudem aus, daß die Gesinnung allein nicht ausreicht, sondern daß auch soziale Einrichtungen geschaffen und soziale Gestaltungsprinzipien kennengelernt werden müssen. Die Vision allein, wie ein Bauwerk beschaffen sein müsse, ist nicht genug. Salomon hatte solch eine Vision. Den Tempel jedoch konnte er nicht errichten. Er war angewiesen auf Hieram, dem die Geheimnisse der Erde vertraut waren. Jene sozialen Gestaltungsprinzipien, die Urbilder sozialer Einrichtungen, entstammen demselben spirituellen Menschenbild.

So deutet Rudolf Steiner dies in jenen drei Aufsätzen an in der Erwartung, daß ihm daraufhin Fragen gestellt werden: Um welche Art von Einrichtungen handelt es sich dabei? Wie hat man sich jene Gestaltungsprinzipien vorzustellen?

Doch niemand stellt derlei Fragen, und die drei Aufsätze werden nicht fortgeführt. Bis schließlich vierzehn Jahre später »Die Kernpunkte der sozialen Frage in den Lebensnotwendigkeiten der Gegenwart und der Zukunft«[14] erscheinen und in ihnen die fundamentalen Gestaltungsprinzipien des künftigen Menschheitstempels mitgeteilt werden: die soziale Dreigliederung. Kurz zuvor veröffentlicht Steiner[15] im Jahre 1917 die Ergebnisse dreißigjähriger geisteswissenschaftlicher Erforschung der Bildungsgesetze des menschlichen Leibes. Er schreibt zu der Zeit zum ersten Mal über die Geheimnisse der drei großen Organsysteme: des Nerven-Sinnessystems, des Atmungs-Kreislaufsystems und des Stoffwechsel-Gliedmaßensystems. Er weist darauf hin, wie die eigentümliche Verflochtenheit dieser drei Systeme dem menschlichen Geist- und Seelenwesen die Möglichkeit gibt, in einem physischen Leib zu leben.

Unmittelbar danach veröffentlicht er die Gesichtspunkte der sozialen Dreigliederung. Im Vorwort der zweiten Auflage der »Kernpunkte« nennt er zwei Begriffe, die den Kern oder den Schlüssel jener Art von Einrichtungen bilden, durch welche die im sozialen Hauptgesetz ausgesprochene Gesinnung klar zum Ausdruck kommen kann. Diese zwei Schlüsselworte sind »Selbstverwaltung« und »Assoziation«. Wo Rudolf Steiner über soziale Dreigliederung spricht, entsteht das Bild einer Vielfalt produktiver Zentren, Organisationen und Unternehmen, die allesamt in Selbstverwaltung ihre eigenen Formen der Zusammenarbeit schaffen, zugleich jedoch auf unterschiedlichste Art in gegenseitiger Abhängigkeit voneinander, in Beziehungen des Gebens und Nehmens miteinander stehen. Diese sich selbst verwaltenden produktiven Einheiten können Schulen und Krankenhäuser sein, genauso aber auch Versicherungsgesellschaften, Transportunternehmen, Dienstleistungs- oder Produktionsbetriebe. Sie können auf vielfältigste Weisen miteinander verflochten sein. Das Interessante ist, und dies läßt sich an der Wirklichkeit ablesen, daß derartige Zentren oder Einheiten gleichsam von selbst zu einer menschengemäßen Größenordnung finden, wenn es ihnen gelingt, sich eine selbstverwaltete Gestalt zu geben.

Es wird gegenwärtig viel über »kleine Einheiten« gesprochen, doch dabei handelt es sich im Grunde um einen abstrakten und nichtssagenden Begriff. Wenn man Selbstverwaltung verwirklicht, entstehen in deren Folge Arbeitseinheiten, die ein menschliches Maß, eine dem Menschen angemessene Größenordnung besitzen.

Das andere Gestaltungsprinzip, das Steiner nennt, ist das der »Assoziation«. Man kann sich die Assoziationsketten als ein irisches Flechtmotiv vorstellen.[16] Produzent, Konsument und Händler können in Assoziationen miteinander ins Gespräch kommen über Preis, Warenangebot und Lieferzeit. Aber auch zwischen Industriebetrieben und Einrichtungen des kulturellen Lebens sind Assoziationen denkbar. Erstgenannte schenken einen Teil ihres Gewinnes an letztere, für die sie eine gewisse Verantwortung empfinden. Man kann auch an Ausbildungsstätten oder an Arbeitsplätze für Behinderte denken, denen von

Industrieunternehmen Teile der Produktion übertragen werden als Übungs- oder Lernmöglichkeit für Menschen, ohne daß dabei die pädagogischen Zielsetzungen in Bedrängnis gebracht werden. Auch im Kleinen lassen sich derartige assoziative Verflechtungen vorstellen, beispielsweise im Zusammenhang mit einem Laden, dem ein Café angegliedert wird, das dann zu einem kulturellen Treffpunkt wird.

Man braucht dabei nicht nur an anthroposophische Einrichtungen zu denken. Bei entsprechender Aufmerksamkeit läßt sich vielmehr feststellen, daß die Tendenz zur Verflechtung als sozialökologischer Vorgang bereits überall auftritt und sich zunehmend durchsetzt. Sie wird jedoch behindert durch alte hierarchische und bürokratische Strukturen bzw. dadurch, daß sich Menschen in Organisationen im allgemeinen äußerst wenig dafür interessieren, was um sie herum geschieht.

Es läßt sich die Frage stellen, ob diese Gedanken von Selbstverwaltung und assoziativer Verflechtung bei Rudolf Steiner etwas Neues sind, was sozusagen mit den »Kernpunkten« aus der Luft fällt, oder ob man deren Wurzeln bereits früher in der Geschichte entdecken kann. – Die Sieben-Jahresrhythmen in Steiners Biografie[17] bieten einen Schlüssel zur Beantwortung dieser Frage. Wenn man vom Erscheinungsjahr der »Kernpunkte«, 1919, sieben Jahre zurückgeht, kommt man zum Jahr 1912. Rudolf Steiner hält in jener Zeit Vorträge[18] über menschliche Tugenden. Er spricht u.a. über die drei grundlegenden Seelenhaltungen des Interesses (Staunens), des Mitleids (Liebe) und des Gewissens (Verantwortlichkeit). Man kann diese als die drei Metamorphosen der drei Klostergelübde betrachten. Rudolf Steiner beschreibt diese Seelenkräfte im Grunde genommen so, daß ihre Wirkung im sozialen Leben die soziale Dreigliederung in Erscheinung bringt.

Geht man noch einmal sieben Jahre zurück, so gelangt man ins Jahr 1905, aus dem die drei bereits genannten Aufsätze stammen. Blickt man noch weiter zurück, bis 1898, dann befindet man sich in jenem Jahr, in dem Rudolf Steiner kurz vor seiner Wirksamkeit in der nach Wilhelm Liebknecht benannten Arbeiterbildungsschule[19] steht. Er beteiligt sich an dem ungestümen politischen Leben in Berlin und steht mit vielen Persönlichkeiten in Kontakt, so u.a. mit John Henry Mackay. In einem Brief an Mackay[20] schreibt er, daß er sich selbst, wenn man ihn aufgrund seiner sozialen Anschauungen einordnen wollte, einen individualistischen Anarchisten nennen würde.

Wenn man heute das Wort Anarchist in den Mund nimmt, läßt es sich wahrscheinlich kaum von jener düsteren Bedeutung trennen, die es in der Gegenwart erhalten hat. Das Wort Anarchist wird in Verbindung gebracht mit Terrorismus, Zerstörungskraft und Aggressivität. In diesem Sinne haben wir gelernt, das Wort zu gebrauchen. Man sollte jedoch versuchen, dieses Wort noch auf eine andere Weise verstehen zu lernen. In einem Gespräch soll Rudolf Steiner dazu einmal geäußert haben, Anarchie sei die Sozialform des Zeitalters der Bewußtseinsseele, so wie der Empfindungsseele die Sozialform der Hierarchie bzw. der Verstandesseele die der Monarchie entspreche.

Er skizziert hier die Entwicklung von hierarchischen Gesellschaftsformen über die Monarchie bis hin zur Anarchie. Hierarchie wird hier verstanden im Sinne der Herrschaft des Heiligen, des Überpersönlichen; Monarchie in dem Sinne, daß ein König, ein Mensch, der Herrscher ist; Anarchie kennt kein Herrschaftszentrum mehr. Sie wird dort Wirklichkeit, wo individuelle, situationsgebundene Ordnung entsteht, in der alles horizontal miteinander verflochten ist. – Rufen wir uns noch einmal für einen Augenblick die beiden Gestaltungsprinzipien aus der Einleitung der »Kernpunkte« in Erinnerung. Auf deren Hintergrund läßt sich die Bezeichnung »individualistischer Anarchist«, die sich Steiner in seinem Brief an Mackay zulegt, auch so auffassen, als verstehe er sich damit als »selbstbestimmt mit anderen Zusammenwirkender«.

Wenn man sich umschaut nach Menschen, die Anarchie in diesem Sinne und mit der Vermutung gesucht haben, daß in ihr ein Formprinzip für eine neue Gesellschaft liege, dann stößt man auf die höchst interessante Persönlichkeit Peter Kropotkins.[21] Wir werden für einen Moment bei seinem Leben verweilen, da er eine Persönlichkeit ist, in deren Leben die sozialökologischen Prinzipien der assoziativen Verflechtung sich selbst verwaltender Arbeitseinheiten von außerordentlicher Bedeutung sind.

Fürst Peter Kropotkin lebte von 1842 bis 1921. »Gespalten« wie die Tempelritter, trägt auch er eine Polarität in sich. Jene hatten die Mönchsgelübde abgelegt, waren jedoch gleichzeitig Ritter; sie waren Kämpfer und Männer des Gebets. Kropotkin ist Wissenschaftler und Revolutionär. Ein scharfer Beobachter und anregender

Denker, ist er als Geologe und Geomorphologe Wissenschaftler ganz im modernen Sinne. Er führt Untersuchungen in Asien durch bis tief hinein ins östliche Sibirien und stellt sich die Frage, was das Bauprinzip der Erde sei. Er macht die grandiose Entdeckung, daß alle Formkräfte in Asien von Südwesten nach Nordosten laufen und in Amerika von Nordwesten nach Südosten.

In Petersburg werden ihm durch die Akademie für Geologie, in Moskau durch einen Geomorphologenkongreß hohe Auszeichnungen zuteil. Doch er ist nicht nur Wissenschaftler, er ist zugleich Revolutionär. Er beschreibt, wie er nach dem Empfang derartiger Auszeichnungen in wissenschaftlichen Kreisen, in denen er in seiner fürstlichen Kleidung erscheint, sich des öfteren eine Droschke nimmt und in einen Vorort Petersburgs bringen läßt. Während der Fahrt tauscht er seine Kleidung gegen die Lumpen der Proletarier. Am Zielort angekommen, verschwindet er sodann in einem verrauchten Versammlungslokal, in dem Revolutionspläne geschmiedet werden und über neue Gesellschaftsformen gesprochen wird. Dort ist Kropotkin der Revolutionär, der voller Engagement an neuen Formen des menschlichen Zusammenlebens arbeitet. Am darauffolgenden Tag ist er dann wieder jener gefeierte Geomorphologe, der akademische Auszeichnungen entgegennimmt.

Schließlich wird er verhaftet. Er flieht nach Frankreich und gewinnt Anschluß an andere Revolutionäre. Dort findet in der Folge die große Auseinandersetzung zwischen Anarchisten und Sozialisten statt.

Worum geht es in diesem Konflikt?

Die Anarchisten stehen auf dem Standpunkt, daß weder eine Partei zu bilden, noch der Staat einzuschalten sei, um die eigenen sozialen Ideen zu verwirklichen. Ihnen gegenüber stehen die Sozialisten. Sowohl Sozialisten als Anarchisten werden von denselben Idealen getragen, beide wollen sich für die verelendete Arbeiterschaft einsetzen. Die Sozialisten glauben allerdings, ihr Ideal erreichen zu können, indem sie eine Partei gründen und den Staat aktiv einbeziehen.

Kropotkin jedoch ist stets mehr vom horizontalen Prinzip, von der assoziativen Verbindung ohne Hierarchie und Machtzentren überzeugt. Er ist sich grundsätzlich der Zeit, in der er lebt, und auf ihrem Hintergrund des revolutionären Charakters dieser Gedanken bewußt. In seinen Memoiren schreibt er unter anderem, daß die Zeit, in der er lebt, dieselben Dimensionen habe wie das zwölfte und dreizehnte Jahrhundert. »Es gibt keine Epoche in der Geschichte, in der sich die bestehenden gesellschaftlichen Vorstellungen ebenso stark verändert haben, vielleicht mit Ausnahme jener revolutionären Zeit im zwölften und dreizehnten Jahrhundert, in der die Wiege der städtischen Entwicklung des Mittelalters stand.« – Das Prinzip der gegenseitigen Verflechtung wurde ihm in Rußland bereits zu Beginn der 70er Jahre deutlich in seinem Kontakt mit anderen Naturforschern, vor allem mit einem Biologen wie Sewerkow, der ihn dazu führt zu erkennen, daß in der natürlichen Umwelt des Menschen eine erstaunliche gegenseitige Abhängigkeit und Hilfe besteht. Dieses Prinzip der gegenseitigen Hilfe läßt ihn seitdem nicht mehr los.

Zwischen 1890 und 1896 schreibt er, inzwischen in England lebend, Artikel in der Zeitschrift »Nineteenth Century«, die später zusammengefaßt als sein bekanntes Buch »Gegenseitige Hilfe in der Entwicklung«[22] erscheinen. Im Jahre 1898 erscheint »Fields, factories and workshops«[23], ein Plädoyer für die Dezentralisierung der Industrie und zugleich für eine auf gegenseitigem Interesse beruhende Assoziierung von geistiger und manueller Arbeit einerseits und industrieller und landwirtschaftlicher Arbeit andererseits.

Durch diese Veröffentlichungen gerät er in scharfen Kontrast zu Darwin. Dieser beschreibt das Leben als einen »Kampf ums Dasein«, als einen Auslesemechanismus, als ein Überleben des Anpassungsfähigsten. Dadurch entsteht auf die Dauer eine Hierarchie aller Lebewesen. – Wenn solche Gedanken in Form des Sozialdarwinismus in gesellschaftliche Wirklichkeit umschlagen, kann dies einzig und allein zu einer mörderischen Konkurrenz und letzten Endes zu einem Kampf aller gegen alle führen.

Im Gegensatz zu Darwin stellt Kropotkin fest, ohne dies mit einem moralischen Unterton zu versehen, daß in der Natur eine außerordentlich ausgeprägte gegenseitige Hilfe zu beobachten sei. Die Natur ist ihm zufolge ein großes zusammenhängendes Gewebe gegenseitiger Abhängigkeiten. Dies findet sich zum Beispiel in den Nahrungsketten, wobei ein Tier für die Ernährung eines anderen sorgt; oder im Zusammenspiel von Insekten und Blumen sowie von Tieren, die einander gegenseitig vor Gefahren warnen. Überall ist solch gegenseitige Hilfe erkennbar. Die Natur ist *ein* großes ökologisches Gewebe.

Es kann sich uns in diesem Zusammenhang die Frage stellen, wie Kropotkin zu der Einsicht gelangt sei, daß dieses ökologische Prinzip aus der Natur ein Beispiel für soziale Ökologie, für ein Gestaltungsprinzip auch der menschlichen Gesellschaft darstelle? Aus seinen russischen Forschungsarbeiten kannte er dieses Prinzip als biologische Tatsache. Woher kommt ihm aber, als er den Westen aufsucht, die Eingebung, daß dasselbe Prinzip im Grunde genommen das Gestaltungsgeheimnis für die Gesellschaft der Gegenwart enthalte, für eine Gesellschaft im Zeitalter der Bewußtseinsseele?

Es ist das Vorrecht eines Revolutionärs, daß er mindestens einige Jahre seines Lebens im Gefängnis verbringt und daß er dort zu Gedanken kommen kann, die äußerst produktiv für sein weiteres Leben sein können. Auch Kropotkin gerät in eine entsprechende Situation. In seinem einundvierzigsten Lebensjahre wird er verhaftet. Der Ort, an dem man ihn gefangenhält, ist das Kloster von Clairvaux.

In seinem Tagebuch macht er die Anmerkung: »Mitte März 1883 brachte man zweiundzwanzig von uns, die zu mehr als einem Jahr Gefängnisstrafe verurteilt waren, in das Gefängnis von Clairvaux. Dieses war früher die Abtei des Heiligen Bernhard; die Revolution machte ein Armenhaus daraus. Später wurde es Gefängnis und Besserungsanstalt.«

Nachdem die Gefangenen eingeliefert werden, zeigt sich schon bald, daß der Seitenflügel, in dem sie untergebracht sind, wegen Erkrankungs- und Infektionsgefahr keine gute Behausung darstellt. Kropotkin fragt den Leiter des Gefängnisses, ob er nicht eine bessere Unterkunft für sie habe, woraufhin er in einen anderen Teil des Gebäudes verbracht wird... »und dann gab er uns einige andere Zimmer in dem Teil des Gebäudes, wo früher die Gemächer des Abts gewesen waren...« So bringt Kropotkin es dahin, drei Jahre in jenem Teil der Abtei gefangen zu sitzen, in dem Bernhard von Clairvaux selbst gearbeitet hat. Er vermerkt in sein Tagebuch, daß ihm an diesem Ort bewußt geworden sei, daß jenes ökologische Prinzip, das ihm aus Rußland bekannt war, mit neuen Formen des menschlichen Zusammenlebens zu tun habe.

Etwas Wesentliches muß dem Genannten noch hinzugefügt werden:
Bei den Templern sehen wir, wie ein Geflecht verschiedener »Organisationseinheiten«, wie wir dies heute nennen würden, im Entstehen begriffen ist: ein Netz von Stätten des Gebets, des Lebens und der Arbeit. Dieses wird gleichsam durchströmt von den Geld- und Kreditprozessen, welche die Templer in ihren Ordenshäusern verwalten.

Diese beiden Elemente, das assoziative Netz und die Geldprozesse, fallen im Konflikt zwischen Anarchisten und Sozialisten auseinander. Bei Kropotkin läßt sich im Grunde nur das Bild der Assoziation, der Verflechtung wiederfinden, das Bild des horizontalen Miteinander-Verwobenseins. Bei ihm und in den Diskussionen der Anarchisten untereinander finden wir nichts über Geldströme, die durch das soziale Gewebe fließen müssen. Bei den

Sozialisten ist das Umgekehrte der Fall: Sie sind diejenigen, die sich doch wieder vertikal zu organisieren beginnen. Eine Parteiorganisation führt von selbst zu einer Parteihierarchie. Die Sozialisten stellen sich im Gegensatz zu den Besitzenden und Arbeitgebern und werden damit ungewollt zum Teil des kapitalistischen Systems. In diesem System werden Einkommen und Gewinn stets mehr zu den beherrschenden Faktoren. Alles dreht sich schließlich nurmehr um wirtschaftliche Macht. Damit erhält das Bankwesen in diesem System eine sehr deutliche Zentralstellung.

Zwischen diesen zwei Elementen, einerseits dem ökologischen Geflecht und andererseits den Geldprozessen, die es durchströmen, entsteht in der Auseinandersetzung zwischen Sozialisten und Anarchisten in der Mitte des neunzehnten Jahrhunderts eine Kluft. Wir wissen, daß die immer mehr in den Mittelpunkt des Sozialen rückenden Bankeinrichtungen gegenwärtig in einer Weise wirksam sind, die jedes sozial-ökologische Netz oder jede Assoziation, die sich bilden wollte, jeden Nord-Süddialog, der in Gang kommen könnte, fortwährend durch die Gewalt des Geldsystems bedroht. Was bei den Templern noch in einer Art miteinander zusammenhing, die damals noch möglich war: ein erster Ansatz zu horizontalen Gesellschaftsformen und lebensfördernde Geldprozesse, die in dem genannten Konflikt auseinanderfielen, – sie werden durch Rudolf Steiner wieder zusammengeführt. Hinter beide stellt er das spirituelle Menschenbild, auf dessen Hintergrund man sie verstehen und wodurch man sich anregen lassen kann. Indem er von sozialer Dreigliederung spricht, beschreibt er einerseits die sich selbst verwaltenden Einrichtungen, die assoziativ miteinander verbunden sind, und andererseits die alles durchziehenden Geldströme, die sich in fortwährender Metamorphose von Kaufgeld zu Leihgeld und Schenkungsgeld befinden. – Die Dreigliederung des Geldwesens findet sich bei den Templern erst andeutungsweise. Doch im zwanzigsten Jahrhundert, in dem so viele Schleier fortgezogen werden, die die geistige Wirklichkeit verhüllen, kann das Geldwesen sein dreifaches Antlitz zeigen.

Wir können aus dieser Entwicklung einen wichtigen Schluß ziehen: Wenn wir nicht lernen, mit dem Geld aus einem neuen Bewußtsein heraus im Sinne der Dreigliederung umzugehen, wird es alle sozial-ökologischen Gewebe zerstören. Es wird sich in dem Fall weiterhin in einer Weise auswirken, die wir gegenwärtig nur allzu deutlich um uns her wahrnehmen können. Wenn wir sozial-ökologische, assoziative Gebilde nicht in genügendem Maße mit dem richtigen Bewußtsein der sie durchströmenden Geldprozesse verbinden, dann werden sie sich ausbluten. Die Zeitforderung, für Wesen und Bedeutung des Geldes wach zu werden, das als Prozeß die soziale Wirklichkeit überall begleitet, gilt für Verbraucher genauso wie für Lehrer, für Arbeiter wie für Eltern von Schulkindern, für Sparer ebenso wie für Kreditnehmer, sie gilt für Therapeuten in einem Gesundheitszentrum genauso wie für Menschen, die einen Verlag leiten. Denn in jedem Augenblick, in dem einer dieser Menschen sagte: Von Geld habe ich keine Ahnung, dafür ist der Kassenführer zuständig; – oder: Es interessiert mich nicht, was in den Produktionskosten einer Ware enthalten ist, Hauptsache der Preis ist niedrig; – oder wenn einer von ihnen sagen sollte: Es interessiert mich nicht, wo das Geld herkommt, das ich leihe, wenn ich nur wenig Zinsen bezahlen muß; – oder auch: Ich will gar nicht wissen, wozu mein Geld verwendet wird, wenn nur ein hoher Zins dabei herausspringt; – immer dann, wenn jemand so etwas sagen sollte, würde er eine Öffnung schaffen für Kräfte, die soziales Gewebe zerstören wollen.

So können wir die Templer begreifen als die Vorbereiter der Arbeit an einem in christlichem Sinne erneuerten sozialen Organismus, einem Menschheitstempel. Wir können unmittelbar anknüpfen bei den Templern, wenn wir die Dreigliederung des sozialen Organismus und die Gliederung der Geldströme, die ihn durchziehen, als Aufgabe der Gegenwart verstehen.

Anmerkungen

1 L. Charpentier, Macht und Geheimnis der Templer, Freiburg i. Br. 1978.

2 M. J. Krück von Poturzyn, Der Prozeß gegen die Templer, Stuttgart 1963.

3 A. H. Bos, D. Brüll, A. C. Henny (Hrsg.): Maatschappijstructuren in beweging, Zeist 1973;
Teil 1 – Maatschappijstructuren in beweging;
Teil 2 – De drieledige maatschappijstructuur, 1974;
Teil 3 – Te-recht of on-terecht, 1976;
Teil 4 – Leven met afhankelijkheden, 1978;
deutsche Übersetzung von Teil 1: Gesellschaftsstrukturen in Bewegung, Achberg 1976.

4 L. Charpentier, Die Geheimnisse der Kathedrale von Chartres, Köln 1977.

5 W. F. Veltman, Chartres, Zeist 1980.

6 H. Bockemühl, Grab und Tempel – Sinnbilder für den Menschen, in: »Die Christengemeinschaft«, Mai 1977.

7 F. Schiller, Briefe über die ästhetische Erziehung des Menschen, Stuttgart 1961.

8 Literatur über Kaufgeld, Leihgeld, Schenkungsgeld: siehe Anm. 3;
R. Steiner, Nationalökonomischer Kurs, GA 340, Dornach 1965;
H. G. Schweppenhäuser, Das kranke Geld, Stuttgart 1971;
ders., Die organische Geldordnung, Freiburg 1975;
ders., Das Mysterium des Geldes, Freiburg 1981.

9 A. H. Bos, Oordeelsvorming in groepen, Dissertation, Wageningen 1974; zu beziehen bei: NPI, Valckenboschlaan 8, Zeist.

10 J. W. von Goethe, Das Märchen von der grünen Schlange und der Lilie, Stuttgart 1977.

11 F. Häusler, Heinrich der Seefahrer, Stuttgart 1971.
12 R. Steiner, Die Tempellegende und die Goldene Legende, GA 93, Dornach 1979.
13 R. Steiner, Geisteswissenschaft und soziale Frage, Drei Aufsätze, in GA 34, Dornach 1960.
14 R. Steiner, Die Kernpunkte der sozialen Frage, GA 23, Dornach 1961.
15 R. Steiner, Von Seelenrätseln, GA 21, Dornach 1960.
16 J. Streit, Sonne und Kreuz. Irland zwischen Megalithkultur und frühem Christentum, Stuttgart 1977.
17 R. Steiner, Mein Lebensgang, GA 28, Dornach 1961.
18 R. Steiner, Vortrag vom 30. 5. 1912 in GA 155, vom 14. 5. 1912 in GA 133, vom 8. 5. 1912 in GA 143.
19 J. Mücke und A. A. Rudolph, Erinnerungen an Rudolf Steiner und seine Wirksamkeit an der Arbeiter-Bildungsschule in Berlin 1899–1904, Basel 1955.
20 in: R. Steiner, Gesammelte Aufsätze zur Kultur- und Zeitgeschichte 1887–1901, GA 31, Dornach 1966.
21 P. Kropotkin, Memoiren eines Revolutionärs, Insel Taschenbuch 21, Frankfurt 1973.
22 P. Kropotkin, Gegenseitige Hilfe in der Entwicklung, Leipzig 1904.
23 P. Kropotkin, Fields, Factories and Workshops, London 1898.

In den Vorträgen vom 25.9. und 2.10. 1916 (GA 171) spricht Rudolf Steiner über die Templer. Es war dem Autor eine erfreuliche Bestätigung, als er nach der Herausgabe der niederländischen Fassung dieses Büchleins entdeckte, daß Rudolf Steiner im anschließenden Vortrag vom 3. 10. über Kropotkin und Darwin spricht.